Botschaften eines Erdenengels

Geschrieben in 2016 und verfasst am:

15.08.2016 und 23.08.2016

Englische Ausgabe:

Embassies of an Earthangel in 2017

Clarissa M. Seite

Heilpraktikerin für Psychotherapie [HPG]

Suchtberaterin

Reiki -Meisterin / Lehrerin

<u>Schreibmedium Blog:</u>

ClarissaSeite.Tumblr.Com

Mediale psychologische Beratung

Kartenlegerin und mediale Interpretationen über

Kipperkarten

Tarot

Engel

Krafttiere

Und vieles mehr …

Das, was halt in diesem Moment passt!

Kontakt:

Clarissa.Lichtweg@gmx.de

www.theralupa.de

heil-verzeichnis.de

Erstkontakt über Mobile möglich:

01515 – 654 99 30

Herstellung und Verlag:
BoD - Books on Demand, Norderstedt
ISBN 978-3-7412-9458-7

Persönliche Notizen:

Was möchte ich nochmals lesen oder nochmals darüber nachdenken und auf welcher Seite finde ich diese Geschichte!

-

Bedingungslose Liebe ... was ist das eigentlich!?

Was ist das und vor allem Wie ... lebt sich bedingungslose Liebe eigentlich!?

Wie so oft höre ich und lese über die bedingungslose Liebe ...

Was & Wie ist bzw. geht das eigentlich von statten!?

Keine Ahnung?

JA, ich auch nicht wirklich immer aber durch das Leben und das Leben von "Geist und Seele" übe ich mich täglich im Verbinden mit der Urkraft "Liebe"!

Keine einfache Sache, da ja das bekanntliche **EGO** und unsere schnelllebige Zeit des Konsums uns auch oft selbst aus den Fugen geraten lässt.

Wir uns oft nicht auf das Wesentliche konzentrieren und *vergessen zu lieben* und die *wertvollen Menschen um uns herum ausblenden* und dies fast schon vergessen vor lauter Arbeit - Terminen - Zeitdruck und vielem mehr.

"Bedingungslose Liebe"

Was ist das …..

Da muss ich immer an mein **Kind Frank** denken …

An meine Eltern trotz schwierigen Zeiten …

An meine Geschwister, die mich und ich sie oft an den Rand der Verzweiflung gebracht habe ;-) oder ich Sie!!

An die guten Freunde …

Da kommt dann schon das Gefühl von ***"Bedingungslose Liebe"*** auf.

Geprägt von Verständnis - Nachsicht -

"OK, keine Zeit, dann halt ein anderes mal …. "

ICH

Ich liebe meinen Sohn trotz seiner Verbimmel (t) ;-)

Ich liebe Ihn bedingungslos, so wie er ist auch wenn mir das eine oder andere von meiner Lebenseinstellung nicht immer unbedingt in den Kopf des Verständnisses gehen will ;-)

Auch wenn er seinen Weg und gerade weil es wichtig ist seinen Weg zu gehen lasse ich los … und glaubt mir, dass fällt auch nicht immer wirklich einfach!

"Man will ja nur das Beste" für die Kinder …. gell ;-)

Ich liebe mein Kind so wie es ist und so ist es perfekt, von der ersten Sekunde an… (Geburt)

Was für eine Liebe!!
Bedingungslos!!

Sind wir UNS ehrlich gegenüber, dass ändert sich schon und gerade in zwischenmenschlichen Beziehungen oftmals nach ein paar Jahren der Unterhaltung - Spaß und Fun-Situationen …

Von ein wenig bis gravierend ... manchmal stillschweigend bis lautstark!

Auch Freundschaften - Kollegschaften und gerade unsere Partnerschaften

(Be-zieh-ungen) werden durch unser und das Verhalten des

gegenüberliegenden Parts oft bis hin auf die **"Zerreiß-Probe"** gestellt.

Schon wieder keine Zeit?

Werde ich wirklich geliebt?

Weiß mein Gegenüber / Partner mich wirklich zu schätzen?

Alles läuft so da hin ?

Die Gewohnheit lässt die Dinge einfach so dahinplätschern?

Warum sagt Er / Sie mir nicht mehr, dass ich geliebt werde?

Wo sind die Komplimente geblieben?

Warum werde ich nicht mit Achtsamkeit und Wertschätzung behandelt?

Wir unternehmen nichts mehr zusammen?

Mir ist so langweilig mit …. (mir und meinem Partner)

Keine Spannung mehr?

Wo sind die kleinen "Gesten und Überraschungen" geblieben?

Aufmerksamkeiten?

Mich nervt seine / Ihre Art?

Alles so ernst?

Keine Rücksichtnahme?

….. und jetzt wird es interessant!!

Raus aus dem Alltagsgeschehen - immer wieder mal und wenn auch nur für Minuten ….

Was ist eigentlich mit Dir … los !?

Wo ist Dein Selbst-Wert

Was willst DU wirklich!?

Wer bist DU und was willst DU SEIN!?

hast du dich dass schon überhaupt mal gefragt?!

Ego spricht:

Ja, ich bin wie ich bin und wenn das nicht passt, dann kann ich auch nicht helfen ….

Dann sind WIR schon ZWEI ;-)

Spaß beiseite oder grad jetzt wird es spaßig mit mir und gemeinsam in die "Schatten und Abgründe" (Licht und Schatten gehören zusammen wie Ying und Yang) von Sich und den Anderen (Spiegel) sehen und erkunden zu dürfen durch:

Offenheit

Ehrlichkeit

Miteinander

Frage und Antworten

Echtem Dialog

Klar Sein

Direkt mich sich im Kontakt

Gefühle ausdrücken (rausdrücken)

Nur Mut!!!

Mut zur Wahrheit (keine Angst vor Verletzungen), denn letzten Endes hast Du den persönlichen Schatz gehoben und gewonnen.

Dich gewonnen!!

Gut wäre es hierbei zwei Regeln zu beachten, im echten Dialog mit Sich und dem Gegenüber

Wie möchte ich behandelt werden

UND

Im Ausdruck (Wunschäußerung) bei sich bleiben

WIE:

"Ich wünsche mir mehr Zeit mit dir durch gezielte Tage und Unternehmungen"

"Ich würde mich freuen, wenn wir am Wochenende länger im Bett bleiben um zu kuscheln"

"Ich würde mich freuen, wenn wir uns Zeit zum Gespräch nehmen würden"

ODER

Lass uns mal wieder ins Kino gehen, was hälst du davon …

Wie wäre ein Dinner for two …. ich bestell uns was …

Hast du Lust auf …. oder was wünscht du dir …. von mir!

Ich mag es, wenn Du mich anlächelst

Ich mag es, wenn Du für mich da bist

Ich mag es, wenn Du mich so streichelst

Ich mag es, wenn Du mit mir quatscht oder quatsch machst …

und und und … und schreib es mal auf was Du magst.

An Dir und deinen Begegnungen ….

ZEHN BEISPIELE BITTE!!!

JETZT ersetze das Mag in das Wort LIEBE!

UND, wie fühlt sich das für Dich an!?

Bedingungslose - Liebe

Ich wünsche dir viel Spaß - Achtsamkeit - Selbst-Wert - Respekt und vieles mehr mit Dir und deinen Lieben.

Fang zuerst bei Dir an und strahle deine bedingungslose Liebe aus!

Üben - Üben -Üben und die Spiegelresonanz wird einsetzen!!

Wage den Blick in deinen persönlichen Spiegel und erkenne DICH!!!

"Die Besten Dinge im Leben sind nicht die, die man für Geld bekommt".

-Albert Einstein-

Der Partner als Spiegel

Wie so oft finden wir uns im Anderen eher unbewusst als bewusst wieder …

Ist das nicht kurios oder ganz normal oder …. ???

Oder hat dies mit sich selbst Bewusst - Sein was zu tun … ??!

Ich denke JA, auf jeden Fall!

Wir Menschen finden uns gerade in der Beziehung / Partnerschaft im Anderen wieder durch

Freude - Spaß - Unterhaltung - Geborgenheit und vielem mehr wieder!

Im besten Fall in der Liebe zum Anderen wieder!!

Außer, wenn der sogenannte Haussegen in der Beziehung / Partnerschaft egal ob Kollegen - Freunde - Partner mal wieder oder umso öfter schief hängt.

WUT - ANGST - VERSAGEN - TRAUER - WIEDERHOLUNGSSCHLEIFE…

Was für eine Chance, möchte ich da mal behaupten haben wir dann in diesem Moment, wenn er UNS (doch) bewusst (gerade doch - noch oder öfter) ist und dadurch immer öfter zur Chance und dem eigentlichen "Schatz heben" wird.

Endlich haben wir diese Gelegenheit (wenn wir sie auch wirklich nutzen) dies *endlich* zu erkennen - Muster, die sich wiederholen um zu erkennen und diese durch das *"bewusste ansehen und handeln"* zu durchbrechen.

Wir kennen das doch Alle irgendwie und irgendwann einmal haben auch WIR das schon einmal oder im besseren (schlechteren Fall - je nach Perspektive) erlebt.

Wieder das Gleiche! - wieder ist Er / Sie =Gleich, wie der Andere davor oder wieder habe ich einen Kollegen mit dem ich nicht *klar komme* (weil ich

mich nicht klar sehe*(n kann)* und die "
Wiederholungsschleife dreht und dreht
sich und dreht sich wieder und *wieder
endlos* um die eigene Achse …

"Wie so oft schon in deinem / meinem
Leben"!?

(Auf gewisse Art und Weiße - mehr /
weniger)

Warum ist das so und warum habe ich immer die gleichen Probleme frägt man sich doch schlussendlich immer und immer wieder.

Eigentlich ganz einfach, wenn denn
wir, der Mensch sich seiner
"Bewusst" wäre!! ;-)

oder

sogar schon ist … aber …. trotzdem
… *will da noch was geklärt werden*.

Ein Schattenanteil ins Licht gebracht werden oder ein *verlorenes Seelenteilchen* zurück geholt werden, um das eigene "Lebenspuzzle"

bzw. in

"Sich selbst vollkommen rund Sein"

"In sich getragen"

"Mit sich im reinen"

"Hundertprozent"

!SEIN!

Ach, wenn es nur so einfach wäre, sagt da die Verzweiflungsstimme in einem

oder

buhhh WHY, das Ego …. ich muss jetzt eigentlich was tun um …. WHY ME-!

Bewusst sich seiner Selbst zu sein ist wirklich nicht immer so einfach aber es wird mit jeden Tun / Aktion - arbeiten an sich selbst wirklich einfacher und es lohnt sich wirklich zu *1000 Prozent!*

Beispiel:

Viele Paare / Partnerschaften / Beziehungen leiden unter zum einen aus:

Familiengeschichten - Kindheitsprägungen - Traumata - Erlebnissen wie:

Alte Verletzungen durch Handlungen und gesagten verletzenden Worte - Prägungen - alteingesessenen Mustern, eben und noch einiges mehr an fehlgeleiteten Erfahrungen …

(Bitte hier an dieser Stelle diese o. g. Aussagen nicht falsch verstehen … dass ein Traumata (Grenzerfahrungen - Körperverletzungen - Schicksalsschläge wie Unfälle ….) eine Daseinsberechtigung in der

"Weiter-Entwicklung" hat / haben… dem möchte ich hier dieses Gewicht so nicht zu teil werden lassen und es Bedarf in solchen schwerwiegendem Falle eine genaue Betrachtung - Analyse und Trauma Arbeit durch Psychologische Unterstützung)

Ist das so …. sind das fehlgeleitete Erfahrungen oder könnte man dies auch als Chance für eine ***"Weiter-Entwicklung"*** sehen!?

Was wäre, wenn ich dadurch eine Stufe in meiner Entwicklung weiter gehe und mir diese Erlebnisse gut ansehe und daraus eventuell lernen bzw. erkennen könnte, um was es hierbei eventuell ursprünglich gehen könnte …

Beispiel:

Immer habe ich nach einer gewissen Zeit die gleiche(ähnliche) Problematik in der Partnerschaft (Ähnlichem) am Laufen …

Zwar ist dieser Partner / Partnerschaft (egal in welcher Konstellation wie Kollege - Freundschaft etc.) aus einer völlig anderen Herkunft / Begegnung / Situation heraus entstanden, aber die ***Probleme / Problematiken*** wiederholen sich nun doch wieder.

Warum ist das so ….

Nicht schon wieder!

Erkenne dich und deine Handlungen (Ausstrahlung - Energien) und es spielt fast schon keine Rolle mehr, mit wem du beisammen bist.

Denn wenn Du Dich in dir selbst erkennst, weißt du, dass du für deine Handlungen / Ausstrahlung selbst verantwortlich bist und achtest dann in Zukunft mehr auf deine unbewussten ins Bewusst-Sein bewusst gehobenen Handlungen und wirst allmählich zum Meister deiner Selbst!!

WAU!!

Weiter so und du wirst ein wahrlicher **MEISTER** - Lebensmeister!

Ich persönlich denke, dass wir eben hier auf Erden (Mutter Erde) sind, um voller Freude hier und jetzt da zu sein…. am besten mit vollem *Bewusst-SEIN* ….

Wenn das denn so einfach wäre ….

Jeder hat seine Lernaufgabe zu meistern und jeder will doch schlussendlich aus seiner Erfahrung wachsen …. gut, manch anderer nicht oder nicht so viel …

STILLSTAND!?

Das ist ja auch irgendwie egal aber wenn DU dir bewusst machst, dass du deinen persönlichen Schatz heben kannst voller

Ehre - Wohlstand - Glück - Freude - Wohlsein- Wachstum -

Respekt - Achtsamkeit und Licht & Liebe

dann

Lohnt (der Lohn folgt durch …) es sich wahrlich diesen Weg zu beschreiten und daraus wie eine Raupe zum Schmetterling zu werden ….

"wachsen & gedeihen"

und dann macht der Spruch (Bibel Zitat) auch wieder noch viel mehr Sinn!!

"DU erntest was du säest"

und der Blick in den Spiegel bereitet zukünftig Freude und Lust auf mehr …

Mehr von deinem *inneren und äußeren SCHATZ*. Viel Freude und Spaß beim leben - lernen und lieben.

DUALSEELEN

Sich im anderen endlich wiederfinden!

In Liebe - Akzeptanz - Respekt und Wertschätzung nun vereint

Dualseelen♥

gehen Ihren Weg getrennt, um irgendwann in einem Leben sich wieder mit all Ihren Erfahrungen zu vereinen und die Licht & Schatten-Seiten des Gegenüber wieder mit sich und dem sich gegenüberstehenden Partner in der Dualseele zum Wir zu vereinen.

Das ist nicht immer einfach aber sehr lohnend, da diese Seelen ja schon vorher Eins waren und sich in Ihren getrennt voneinander gesammelten Erfahrungen nun wieder vereinen dürfen!

Manchmal als Familienmitglied und auch oft als Partner♥

Weiter voran auf einer neuen Ebene des SEINS im miteinander und das nicht nur seelisch sondern gerade auch körperlich in voller werdender Symbiose verschmelzen....

Spiegelung pur, dass was Du bereits in dir trägst und im anderen aber vorerst nur wahr nehmen kannst, darf jetzt realisiert und integriert werden!

IN DIR♥

Kein einfacher aber sehr lohnender Weg "bedingungsloser Liebe" mit sich und dem Seelenpartner; einst als Dualseele verloren geglaubt♥

Mit sich im Einklang

Wer suchet der findet!

SEIN - Im SEIN sein …. des Rätsels Lösung im Umgang mit sich und anderen

<u>*SEIN*</u>

Bei sich bleiben und den ***Spiegel als Schatz*** (wer suchet der findet) erkennen!

<u>Heute beim Frühstücken die totale Erkenntnis gewonnen:</u>

Wenn DU erkennst, dass du all das Potential in dir selbst trägst (des Rätsels Lösung bei dir selbst findest), dann kann dein Licht wahrlich leuchten!

All das, was du dir vom anderen wünscht (ist bereits) - bereits in dir trägst aber eventuell noch nicht selbst erkennen kannst (Prägungen), noch blind bist und erst deinen Kopf und deine Augen in Richtung Himmel heben musst, um den Horizont, der sich in deiner derzeitigen Haltung (Blickrichtung gen Boden) dir noch verbirgt und du dir dies noch verwehrst …..... kann sich dir erst dann offenbaren, wenn du wirklich bereit bist - erst dann!

Sehen & Erkennen darfst / kannst!

Ja, dann kommt der **AHA-EFFEKT!**

All das, was dir dein Gegenüber aufzeigt und du so voller "Interesse und Neugier" begegnet … hast (trägst) DU bereits in DIR!

Ja, all das schlummert noch so vor sich hin …

Will entdeckt und gelebt werden.

Will sich entfalten; ausprobiert werden.

Will sich stark machen und zur eigenen Größe entwickeln.

Will sich wieder ein Stück in der Ent-faltung - groß werden Ent-wickeln.

DU, Ja DU liebe Seele bist bereits voll-kommen GANZ

Du bist bereits perfekt in DIR

DU hast Alles was DU brauchst um Glücklich zu SEIN.

DU bist bereits all das was du dir wünscht und eventuell in deinen Partner / Gegenüber suchst und zu finden hoffst!!

Frage Dich:

Was zieht mich am Gegenüber so an … was gefällt mir so sehr, dass ich es haben möchte …. mir wünsche mit diesen Menschen mehr Zeit zu verbringen?

<u>Mache dir nun eine Liste all dieser Qualitäten deines Gegenübers:</u>

(Neuer Partner - Neue Freundschaft - Neue Stelle - Neue Herausforderungen)

Beispiele:

Das Lächeln finde ich so schön

Die Augen sind so schön groß und strahlen mich an

Wie dieser Mensch redet macht mich an

Wie er sich bewegt … grazil - fein - ruhig - gleichmäßig

Der Körper dieses Menschen fasziniert mich

Die Haarfarbe ist toll

Dieser Duft dieses Menschen regt mich an

Wie er spricht fasziniert mich total

Die Stimme ist so toll

Mit diesen Menschen kann man so viel Spaß haben

Die neue Herausforderung bietet mir so viel Neues an wie:

Wissenstand

Potenzial

Kreativität

Macht

Handlungsspielraum

Ich kann dadurch mehr "Wissen ist Macht" ausüben

Stellenwert

Selbstwert

und vieles mehr …

Was ist es genau, was dich am anderen anregt oder sogar ab turnt!?

Wenn wir unsere Perspektive (Vogelperspektive) ändern und uns immer mehr in den Fokus (Blickrichtung) auf uns selbst richten, werden wir sehr wohl erkennen, was uns das Gegenüber spiegelt in Guten wie in schlechten Tagen (Ebbe und Flut) und so wohl auch erkennen, was hier unsere eigenen Anteile sind wie Licht & Schatten!!

All das, was uns im ersten Moment so unglaublich fasziniert (Blick) finden wir bereits in UNS SELBST

All das, was uns am anderen stört, finden wir auf den zweiten Moment (Blick) nach mehrmaligen hinsehen auch bei UNS SELBST wieder

Und das ist so sicher wie das AMEN in der Kirche ;-)

Wage den Blick in den Spiegel zu Dir …

Trau Dich Kontakt mit Dir und deiner Seele aufzunehmen …

Es lohnt sich und wenn du den Schatz aus den Tiefen der Meere (Seele) gehoben hast, dann öffne die Schatztruhe „voller Vertrauen und Geduld" und du findest all das Potential in dir selbst wieder … nur jetzt kannst du es sehen und in die Hand nehmen voller Power(Verantwortung deiner Handlungen im Tun und auch im nicht Tun)

Je tiefer du im Herzen lebst, je klarer wird der Spiegel ❤

~ Rumi ~

Werde dir deiner Bewusst und nutze den Spiegel als:

Erkenne Dich selbst!

Alles in Maßen!

und das nächste Mal, wenn dich was begeistert oder ab turnt, frage Dich doch mal was es diesmal ist und wo genau du es findest …

und warum du jetzt die

Gelegenheit / Abenteuermöglichkeit

Bekommst, dies erleben zu dürfen.

Einen weiteren Schritt weiter ...

Einen Schritt zu sich und seiner "Vollkommenheit"

Als göttlicher Funke - Wesen, dass bereits so perfekt ist wie es IST!

Einfach göttlich wunderbar & im Sein einzigartig und wahrhaftig schön

DU!!

Seelen sind all die Geschöpfe der Erde und des Universums!

Friede sei mit Euch und mit deinem Geiste …

Es ist an der Zeit und war eigentlich schon immer so, dass Wir die Wesen eine Einheit zwischen Körper - Geist & Seele bilden und dies auch hier und jetzt wieder erlangen müssen.

Was trieb uns als Mensch so an, dass wir unseren Ur-Sprung so vernachlässigt und oft schon verloren haben?

Warum denken wir, dass wenn wir materiellen Reichtum anhäufen uns es dann erst im Wesentlichen besser geht?

Was haben wir jetzt erreicht, was uns vorher angeblich verwehrt wurde?

Ist es denn wirklich so, dass wir mit all unseren Streben nach MEHR

"glücklicher und zufriedener"

werden / würden?

All die sogenannten Reichtümer unserer Erde im materiellen Sinne erstrebt und erreicht werden müssen.

Noch höher - noch weiter - noch mehr!????

WARUM eigentlich ...

WARUM denken wir so ...

WARUM glauben wir, dass wenn wir mehr besitzen, wir automatisch glücklicher sind ...

Viele von uns haben schon erkannt, dass wir dann zwar mehr besitzen aber irgendwie auch die Angst vor Verlust steigt.

Verantwortung und Sorge um das erreichte breitet sich immer weiter in unserem Bewusstsein aus. Auch der finanzielle Anspruch und der finanzielle Einsatz steigen in dem Sinne, dass irgendwie Alles erhalten werden muss.

Das Haus braucht neue Fenster und das Auto muss in die Werkstatt!

Automatisch steigt der Anspruch an mehr Einsatz und Verpflichtungen!!

<u>Das wird schon dadurch bemerkbar, in wie weit wir uns selbst weiter antreiben, dass was wir angeblich erreicht haben an:</u>

Ansehen

Status

Besitz

Stellung

Selbst-Wert (zumindest künstlich erzeugt)

Respekt

Wert-Schätzung (erworben aus Statussymbolen)

<u>Wir nicht mit einem Wimpernschlag wieder verlieren aufgrund von:</u>

Arbeitseinbruch / Rezession

Scheidung

Schlechtes Jahr

Krankheit / Burnout / Depression

Verlust eines geliebten Menschen wieder verlieren!

Was dann?

Back to the roots

Zurück zum Ursprung ...

Was macht uns eigentlich aus; über was und wem und überhaupt könnten wir uns noch definieren; in der Hausgemachten Welt des Materialismus.

Weg weg vom:

Konsum

Täuschung

Zeitkiller

Kurzfristiger Befriedigungen

Manipulation angeblicher Glücklichmacher

Ist es nicht so, dass Mutter Erde uns Alles bisher gegeben hat und weiterhin noch gibt bzw. geben kann.

Wann wachen wir endlich auf und beginnen wieder im Einklang mit der Natur zu leben.

Im Einklang mit unseren natürlichen Rhythmus zu kommunizieren.

Wieder die Verbindung zwischen

UNS - dem Tierreich und den unsäglichem Schatz der Natur

zu knüpfen.

Gleich-Klang zwischen Körper - Geist & Seele

Gleich-Klang zwischen Himmel & Erde

Gleich-Klang zwischen Mensch - Tierwelt und Natur!

Schluss mit all dem Übermaß an:

Mehr - weiter - höher - erfolgreicher und was auch immer hier uns suggeriert wird.

Du bist nur gut wenn ...

Natürlich (endlich wieder natürlicher werden) auch mit dem körperlichen Übermaß durch nimmer Satt, auf der Suche (Sucht) nach mehr.

Nach mehr Befriedigung mit Uns selbst!

Schluss mit der unendlichen Gradwanderungen zwischen:

Familie - Beruf und angeblichen Erfolg!

Sind wir doch mal *ganz ehrlich* mit uns selbst!

Wir hecheln der Zeit hinterher und versuchen ständig Ausgleich für das verloren gegangene zurück zu erlangen.

Alles spiegelt sich aufgrund unseres Verhaltens in uns und gerade auch im Außen wieder.

TV - Modewelt - Supermärkte und all das ganze drum herum zeigen uns, das wir im Ungleichgewischt / Übermaß allmählich kollabieren und den persönlichen Kollaps aufgrund unseres Hamsterrad-Verhaltens gar nicht mehr wahrnehmen bzw. auch nicht mehr wirklich wahrnehmen können.

Wir, das Kollektiv (Volk - Natur - Erde) sind schon so betäubt und verwirrt in unserem Verhalten verstrickt, dass wir nur noch funktionieren.

"Hamster-Rad"

DU hast jetzt die Möglichkeit dein Leben wieder auf das wesentliche zu konzentrieren ...

WIE?

Ganz einfach - einfach die Hälfte als Maß nehmen und zumindest damit anfangen.

Was ist für Dich wirklich wichtig, ist hierbei eine gute Frage und ausschlaggebend für deinen weiteren Wert-Gang oder wie ich gerne sage

"Gleich-Klang"

Raus aus dem Schatten ins Licht und somit den Schatten ins richtige Licht rücken (Licht und Schatten - Ying & Yang) und Ausgleich schaffen!!!

Wie wäre es, wenn es eine ganz einfache Handlungsweise dafür gäbe - gibt!?

Ganz einfach:

Weniger Essen (fressen)

Weniger Konsum

Weniger TV -

Weniger geistigen Müll reinziehen

Weniger an angeblichem Status

Mehr an:

Leichtigkeit gewinnen

Mehr Zeit für die wesentlichen Dinge wie:

Familie - Kinder - Gemeinschaft - Glaube - Miteinander

Mehr Zeit für geistige Mußen wie:

Lesen - Kunst - Schreiben - Musik

Mehr ZEIT für die LIEBE!!!

Dann wird das "WENIGER WIEDER ZUM MEHR" und wir kommen wieder in den *natürlichen Rhythmus* mit UNS und der Welt; lernen wieder das Wesentliche als Augenmerk zu realisieren und zu leben.

Achten die Natur (Fauna und Tierwelt)

und verzichten *freiwillig* auf ein Über-Maß!

Bringen durch unser zurückgewonnenes natürliches Verhalten, die Natur wieder in die Ausgewogenheit zurück und verzichten auf all die unnötigen Dinge in unserem Leben die uns belasten und aussaugen.

Haben wieder Zeit, die Gemeinschaft (Familie) zu leben und treffen uns wieder am sogenannten Lagerfeuer voller Musik - Lachen - Spielen und Tanz!

Dann haben wir verstanden (unseren Verstand genutzt) zu erkennen, was *wirklich wesentlich* ist und das *die Natur* uns immer aufzeigt wer und was wir sind und geworden sind.

Dann sind wir REICH an WOHL SEIN

„GLÜCKlich und zuFRIEDEN"

Raus aus der Schattenwelt; raus aus dem Schattendasein voller Freude ins Licht der Liebe und der Einheit mit der Welt!

In diesem Sinne ...

Sich in der Seele finden!

Seelen - Zwillingsseelen - Dualseelen - Inkarnierte Seelen … Seelengruppen - Seelenfamilien usw.

Wenn sich Seelen bewusst oder einfach im Gefühl begegnen, wird es auf jeden Fall interessant ….

Ich würde sagen äußerst spannend.

Begegnungen sind dazu da sich kennenzulernen, nicht nur im herkömmlichen Sinne, sondern wirklich auch *Sich selbst kennenzulernen.*

Ich glaube, dass das für uns menschliche Wesen oder was auch immer wir wirklich sind oder zu scheinen sein, WIR

dadurch die großartige Möglichkeit in Händen halten uns / Selbst zu begegnen.

Das ist einfach wunderbar!!

Ob das Begegnungen von einer Seele zur anderen Seele sind, ist sowie so was von gewiss und ob es sich hierbei um eine Inkarnation - Seelengruppe - Seelenfamilie oder in einer Partnerschaft um eine Zwillingsseele / Dualseele oder was auch immer handelt … spielt sicherlich irgendwie auf die Intensität der Beziehung schon eine Rolle aber ob diese sooooo wichtig ist/sind, möge sich wahrscheinlich erst im Laufe der Jahre wirklich nochmals in besonderer Qualität im Miteinander zeigen - wollen!?

Vordergründig ist es doch erst mal primär wichtig, sich selbst auf die Suche zu **"Sich Selbst"** zu begeben … natürlich sind wir Wesen die gerne in Gruppen / Partnerschaften unterwegs sind und sich gerne die Zeit im miteinander ver-treiben!

Das ist schon irgendwie klar und deutlich ersichtlich. ;-)

Wir reden gerne mit- und übereinander und vertreiben uns so spielerisch die Zeit, manchmal so gerne und oft, dass wir vergessen auch mal den Fokus wieder auf uns selbst zu richten und uns aus der Nähe / anderen Perspektive zu betrachten. Gelle ;-)

Das ist klar und auch gut so, denn wir sind sogenannte Herdenmenschen, die über Jahrtausende von Jahren im Kollektiv überlegt haben und dies nur so in der Gruppe auch möglich und sicher war.

Ein Einzelner wäre unter diesen damaligen Umständen wahrscheinlich innerhalb kürzester Zeit untergegangen und nur der „Alpha-Typ" konnte meist Allein überleben; selbst dieser hat sich eine Gruppe zu eigen gemacht, um seine Stellung durch Intelligenz / Wissen - Willen und Macht zu Ausdruck zu bringen.

Letzten Endes sind wir in der Gruppe / Familie gut aufgehoben und sichern auch heute noch unser allgemeines überleben und wenn nun schwerpunktmäßige und hauptsächlich Soziale - psychische Natur überwiegend der Fall heutzutage vordergründig ist.

Ernährung und Unterkunft wird durch Einkommen gesichert und schafft persönliche Freiräume, die aber nicht unbedingt ein "Miteinander garantieren" (Wohlfühlen in der Gemeinschaft), oft das Gegenteil scheint der Fall und der Alleingang wird immer mehr zur Einsamkeit oder wie ich oft höre zur Vereinsamung gerade im seelischen - psychischen Bereich / Seelenbereich führt!

Die Sehnsucht (Suche) nach der Zwillingsseele / Super Seelenverbundenheit gerade in Partnerschaften scheint fast schon ein unausweichliches *muss / muss* zu sein und das "Sehnen & Hoffen" wird immer mehr durch große Wünsche / Träume / Hoffnungen als Garant verbunden mit dem großen Glück und das "All-Ein-Sein" gewünscht, ja fast schon zum absoluten Drang!

Ein Muss-!?

Die Anziehung macht es immer wieder möglich (Quantenphysik) und bietet unglaubliche Chancen, dass wir UNS / UNS wirklich selbst begegnen können. Und das ist auch gut so.

Schön, wenn du einer Zwillingsseele (Vieles - wirklich vieles gemeinsam - Licht & Schatten zugleich) begegnest und dass wirst du oft und immer wieder in deiner Seelenfamilie / Seelengruppe tun und auch dein Seelenpartner wird dir in irgendeiner Form / Stellung als Vater - Mutter - Kind / Geschisterleins wieder begegnen, (meist dann deine Dualseele begegnest - selten jedoch in einem Partner oder doch gerade auch weil ??? weil Seelenauftrag so gewünscht) dem kannst du dir sicher sein und dein Wunsch / dein Seelenruf wird hier gehört - Gehör finden und wenn es gut für dich und deine Weiterentwicklung als Seele ist. Wird sich eine besondere Konstellation aus oben genannt einstellen.

Der Seelenruf wird erhört werden und Versprechen aus vergangener Zeit (Zeit ist relativ / Quantenphysik) oft hier oder später eingelöst.

Die Seele will weiter gehen - sich weiter entwickeln und emporsteigen zu einer höheren Lebensform aufsteigen …

Wünscht Ihren Auftrag zu erfüllen, um so viel Wissen - Liebe - Licht in sich aufzunehmen um dem göttlichen Prinzip Fülle / Erfüllung darzubieten.

Liebe ist - Gott ist Liebe - Universelle Liebe ist Göttlich im miteinander vereint!!

Letzten Endes sind wir Alle hier verbunden mit Allem und begegnen uns auf unterschiedliche Art

& Weiße (unterschiedlichen Seins formen / Stufen / Entwicklungsphasen) um uns - mit uns - in uns zu erkennen und die Erkenntnis weiter ins Licht und in Liebe zu tragen und als Resonanz / Schwingung wie Wellen (Quantenphysik) in die Welt (Parallel Welten - unendliche Welten - Planeten - Universum) zu fungieren, in der Hoffnung oder sogar in der Gewissheit auf Mehr an Guten:

Hoffnung - Glück - Licht und die Liebe

und Schlussendlich "*Seligkeit*" SEELEN FRIEDEN

zu erlangen.

All   Eins   Sein

Also, freue dich auf all die wunderbaren Begegnungen und denke immer daran …

Du bist dein Glückes Schmied und

Du erntest was du säest!

Herzensenergie!

Lebe und Liebe Dich in der Christusenergie

"Bedingungslose Liebe"

leben! und das *jeden Tag aufs NEUE!*

Je mehr Liebe du aussendest, umso mehr wird sich diese wundervolle Energie multiplizieren und zum Sender zurückschwingen.

HEIL WERDEN DURCH LIEBE!!

Aktion - Re-Aktion = Resonanz

Ich weiß, dass ich nichts weiß

- Albert Einstein

Unsere wirkliche Aufgabe ist es glücklich zu sein

- Dalai Lama

TOR Öffnung

Es zeigt sich wie bei den anderen Kolleginnen auch, dass sich das gleiche Bild und die Botschaft dahinter jetzt zeigen und auf tun möchten - JETZT!

Heaven's Door

The door will open at the perfect time and you'll see exactly why it was worth the wait!

Es geht um die Öffnung der Türen / Toren zu deinem Potential - spirituellen Potenzial und deiner Berufung.

Gehe durch diese Tür voller Gott - Vertrauen - Vertrauen ins Universum!!

Infinite Potential

All the potential and the resources you need to succeed are already within you; waiting to be discovered!

Jetzt ist die Zeit dein Potential - deine Fähigkeiten (egal was und wie) weiter auszubauen und zu verfeinern - Hole dir das was du an Information benötigst um in deine Berufung gehen zu können.

Believe in Dreams

Your efforts will soon be rewarded!

Glaube an deine Träume; nicht nur die du hast, sondern die du (voll und ganz - aus dem Herzen) leben möchtest!!

Was sind deine Wünsche und was wird dir in deinen Träumen mitge-teilt!??

Schreibe diese gleich auf ... wenn die Seele mit dir liebe " " spricht.

Ich bin ...

Acht Krafttiere, die Dich auf deinen besonderen Weg in deinem Bewusst-Sein begleiten möchten.

Acht Krafttiere für eine besondere Zeit gerade jetzt im Kollektiven Wandlungsprozess bis 2024.

Acht Krafttiere für Dich – Dich und Dich!!

Die Engel der Meere

Wenn der Delphin (Engel - Krafttier) in unser Leben schwimmt, will er uns auf unsere fatalen Zustände einerseits und auf unsere wundervolle Mutter Erde und das große Wunder / Glück der Natur hinweisen ...

Mit dem Delphin werden sich angestaute Problematiken (siehe Weltmeere - Verschmutzung) leichter lösen lassen, denn er rückerinnert uns an die goldenen Zeiten (Atlantis) unserer spirituellen Vorfahren!

Instinktiv wissen wir nun was zu tun ist und was wir mit unserer Gedankenkraft und unserer positiven Energie bewirken und bewirken können. Jetzt setzen wir unsere Kraft zum Wohle Aller und der Welt; dem Universum und dem göttlichen ein.

,

Mit Leichtigkeit kommunizieren wir mit den Schwingungen und dem Gesang der Delphine in unserem Inneren, sodass sich **die Blockaden und fehlgeleiteten Machstrukturen federleicht auflösen werden.**

Durch unser Kollektivverhalten und unser gemeinsames Sinnen und fokussieren auf das Gute und das Glück gelingt es uns spielerisch, diese Strukturen aufzulösen.

Wir werden wie die Delphine zusammen und miteinander schwimmen im Weltmeer, dem Universum und der göttlichen Kraft.

Unser Mitgefühl und unsere Nächstenliebe machen dies möglich und jegliches Wesen wird von dieser Kraft und dem hellstrahlenden Licht erleuchtet.

Affirmation:

Ich bin Liebe und Licht- jetzt! Diese hohe frequentierte Schwingung strahlt durch die ganze Welt und dem gesamten Universum.

Hörst DU die Delphine nun vor Freude singen. Siehst Du die Delphine nun vor Freude spielen.

Wenn das Krafttier Wal in dein Leben schwimmt …

Wenn der WAL dir begegnet, dann ist das ganz was besonderes, denn es geht hierbei um DICH!!!

https://www.facebook.com/images/video/channel_view/replay.svg

Der Wal als Krafttier möchte Dich auf deine Rückbesinnung aufmerksam machen denn….

DU bist dein Meister - dein Heiler - deine Kraft und hast all das in dir was du brauchst um HEIL zu sein!

Verankere dich im Wasser - in der Natur - in der Erde!

Stelle dir vor wie deine Wurzeln sich in dir verankern - wachsen und stark werden - voller Kraft und Sträke - in DIR♥

Wenn du dem WAL begegnest will er dich auf dich und deine innere Verankerung in DIR hinweisen.

Das ist wichtig, weil du in dir zu HAUSE bist und dort dein inneres Kind pflegen kannst, indem Du dich gut um Dich kümmerst.

WIE?

Durch die Kraft der Natur; dort findest du den frischen Wind - das frische Wasser - die kraftvolle nährende Sonne und die gesunde Ernährung♥

Kümmere Dich um deine Rückverbindung mit Dir und der Welt.

Du findest Alles was du brauchst dort bei "Mutter Erde" und "Vater Himmel"

Affirmation: Ich lasse Wandlung geschehen und lausche dem Wal mit all seiner wundervollen Musik.

Wandlung findet nun auf Allen Ebenen meines SEINS statt!! - JETZT-

Der Schmetterling als Krafttier

Wenn sich der Schmetterling dir zeigt
und dir über den Weg fliegt um Dich ein Stück zu begleiten dann ... zeigt sich Dir ...

Der Schmetterling als Krafttier

Metamorphose pur

Nun ist die Zeit gekommen sich der Wandlung in dir hinzugeben.

Stille einkehren lassen und in Ruhe lauschen was der wundervolle Schmetterling dir zu sagen hat.

Wandlung will vollzogen werden, dass merkst du daran, dass der Schuh drückt, meist an Allen Ecken und Kanten deines Lebens.

Menschen - Dinge, die dir zuvor noch Freude brachten und dich mit Energie aufgeladen haben bewirken nun oft das Gegenteil dessen was du an Kraft zum weiterkommen benötigst.

Die Zeit ist da, um sich dem Wandel in Dir hinzugeben.

Lausche deiner Seele und erhalte die Antwort in dir wo es nun hingehen muss, um wieder neue Energie und Freude zu erhalten!

Wisse, dass die Seele dich sicher geleiten wird und auch sicher an dein Ziel heranführen wird.

Voller Vertrauen und in Geduld mit den Seelenkräften deines SEINS

Alles wird gut & glücklich verlaufen!

Affirmation: Meine Bestimmung ist nun mein neuer Weg im Vertrauen & voller Kraft. Alles ist sicher und gut angelegt in meiner Welt! Jetzt!

Große Wandlung steht dir nun bevor!

Nichts bleibt mehr wie es war.

Die Eule als Krafttier!

Begegnet sie dir, dann ist es eine persönliche Botschaft für Dich, denn die Eule spricht immer deine Seele zuerst an.

Die Eule wünscht sich, dass du in dich gehst und deine Schattenseite zum Leuchten bringst.

Gebe deinem Schatten all das positive Licht im Ausgleich für Dunkelheit<3

Bestimmte Aufgaben warten nun auf Dich und wollen zur Lösung - Er-Lösung gebracht werden.

Frage Dich, was dies sein kann ...

schon wieder das Gleiche Problem ?
schon wieder der Gleiche Partner nur anders verpackt?
schon wieder Kollegen die mich gängeln und ich wieder an meine Grenzen stoße...,

schon wieder!!

Die Eule schenkt dir nun die Kraft den Schleier zu lüften und in deine wahre Kraft zu gehen; entdecke dein Potential und denke dran ... lass dich von lieben Menschen unterstützen und dir weiterhelfen ...

Oftmals sind es Ideen die dir durch Dritte geschenkt werden oder ehrliche Aussagen über deinen verschollenen Schatz in dir.

Sei nun ein aufmerksamer Zuhörer und betrachte dich im Licht voller Größe!

Schöpfe nun aus deinen Gaben und Talenten - mach Platz für NEUES in DIR und sei mutig, dass zu tun was dir wahre Freude bringen mag ...

Affirmation:
Ich nehme meine Kraft und Verantwortung für mich an und schöpfe aus meinen vielen Talenten voller Freude - Glück & Erfolg - JETZT!

Der Hirsch als Krafttier

Wenn der Hirsch im Nebel auf dich wartet und dir die mystische Seite des Lebens zeigen will, will er dich berühren und dich in die Geheimnisse deiner feinfühligen - sensiblen Seele zurück führen.

Folge deinen feinfühligen sensiblen hellsichtigen Eingebungen.

Der HIRSCH will, dass DU nun ganz aufmerksam mit klarem Blick siehst!

Die höher schwingenden Energien sind nun gerade für Dich spürbar und wenn du es zulässt auch sichtbar.

Gehe in Kontakt mit dir und deiner männlich aktiven Seite und spüre in Dich hinein.

Meditation wäre auch eine gute Wahl in Form von schöner Musik und schöner angenehmer gelassener Atmosphäre voller Ruhe und Besinnung.

Dann kannst du in dein Gefühl gehen und ganz ehrlich und direkt mit Dir dies in Verbindung bringen:

Traue dich (Dir) und lebe deine Gaben!!

Schreib dir auf, was du im "Inneren hörst und siehst"

Welche Sätze steigen in dir auf und welche inneren Bilder werden vernommen.

Diese machtvolle Kraft im Inneren gibt dir die Möglichkeit durch Rückzug / Kontemplation - Meditation zu dir und deiner Kraft zu finden.

Was siehst du

Was hörst du

Was steigt in dir auf

Sehe den Hirsch aus dem Nebel heraus auf dich zukommen, jetzt steht er da und schaut dich an.

Was passiert jetzt ...

Vernehme im Stillen die

"Botschaften durch dein Krafttier HIRSCH"

Die Seele will wachsen und *Wachstum* ist unausweichlich, wenn der Hirsch dich durch sein er scheinen berührt.

Fühle in diesem Moment in dich hinein!

Jetzt ist er da, der Hirsch mit seinem *mächtigen Antlitz* und spricht zu dir voller Demut.

WUNDERBAR!

Welch Kraft erwacht – welch Stärke will gelebt werden.

Sie wird unmissverständlich und unausweichlich nun aus dir / uns leuchten.

Respekt – Liebe – Licht – Achtsamkeit und all deine Gaben werden sich im Außen zeigen und hinaus leuchten, um Dich – dein Umfeld und die Welt zu bereichern.

Nun vertraue ich dem inneren Wissen in mir und bin zur rechten Zeit am richtigen Ort und tue genau das Richtige.

JETZT!

Affirmation:

Ich tue genau das Richtige zur richtigen Zeit und bringe Licht und Liebe!

Wenn der Rabe in dein Leben fliegt, dann will dir dieses besondere Krafttier folgendes mit-teilen!

Dein Ruf deiner Seele wurde erhört und nun will der Rabe dich wachrütteln und dir sagen, dass du dir bitte keine Sorgen machst, sondern liebevoll mit dir und deinem inneren Wissen deiner Seele umgehen darfst.

https://pixabay.com/static/uploads/photo/2015/05/10/23/07/animals-761711_960_720.jpg

Jetzt darfst du ganz besonders deinen inneren Botschaften lauschen und diese vernehmen, denn es geht um deine inneren Schattenanteile.

Welche wollen noch erlöst werden bzw. aufgelöst werden?

Geht es um deine Ängste ...

Vertrauen - Ur-Vertrauen
Vergebung
Selbstliebe
&
oder
deinem Selbst-Wert

Schreibe deine Schattenanteile auf ein weißes Blatt Papier und arbeite mit deinen Themen, damit du diese letzten Endes *los-lassen* kannst.

Jetzt werden dir diese Aspekte nochmals in dein Leben gesandt, damit du diese liebevoll ansehen kannst und somit deine Fesseln der Abhängigkeiten sprengen vermagst.

Wenn du dann diese *verlorengegangen Seelenanteile* wieder in dein Lebenspuzzle zurückgefügt hast, bitte ich dich diese frei zu setzen.
Wie?

Alles was dir nicht mehr dienlich ist, alt und verbraucht und nun ein aufgelöstes Muster ist, stecke diese wahrlich oder symbolisch in einen Sack und lege sie in dein Boot das du nun freisetzen darfst.

Winke voller Freude dem Boot hinterher und betrachte dabei den wunderschönen Sonnenaufgang / Sonnenuntergang mit all seinen schönen Farben am Himmel.

Es ist nun vollbracht, du hast *deine Schattenseiten - alte Muster abgelöst* und deine Seelenanteile zurückgeholt.

Freue Dich und fühle dich nun vollkommen befreit.

<u>Affirmation:</u>

Ich bin perfekt so wie ich bin. ich bin frei!

Wenn der Wolf dir als Krafttier erscheint

Der Wolf als Alpha und Rudeltier zugleich

Wenn uns der Wolf als Krafttier begegnet hat dies immer zwei Seiten:

Zum einen hegt er den Wunsch in der Gemeinschaft Anerkennung zu finden und zum anderen ist es aber gerade jetzt wichtig den Rückzug einzuläuten...

INNEN WIE AUßEN - AUßEN WIE INNEN

Kehre den Rückzug ein und läutere Dich bis in die tiefsten Seelenanteile deines SEINS.

Deine Zellen möchten Reinigung erfahren und sich dadurch erneuern können!

Und wieder ist der Blick in den Spiegel gefragt!

Blicke in deine Seele und erhalte die Antworten tief aus dir heraus ...

Antworten nachdem du schon seit langem suchtest.

Er, der Wolf ist ein instinktiver Wegbegleiter, ein hervorragender Lehrmeister der dich sicher Bewusst und in deinem tiefen Unterbewusstsein sicher geleiten wird.

Öffne Dich diesem Lehrmeister und du erkennst, was wichtig ist und was du glaubtest wichtig zu sein ... wird nun als Rätsels LÖSUNG aufgelöst.

Rufe den Wolf in dir und fordere ihn auf dir zu helfen! ...

Und du wirst aus diesen Situationen *"sicher und gestärkt"* hervorgehen - sicher in dir; dich zum Erfolg führen und endlich diese Eigenschaften wie:

Selbstsicherheit & Selbstbewusstsein

finden - erfahren und von nun an leben!!

Rufe Ihn an und lasse dich führen von deinem WOLF in Dir ...

Somit erhält der Redensspruch das "Wolf im Schafsbelz oder doch das Schaf im Wolfsbelz" eine ganz andere Bedeutung und verleiht dem ganzen eine besondere Qualität.

Du wirst von nun an die Reife des Wolfes besitzen auf deinen ungetrübten Instinkt in dir zu vertrauen wissen und die äußeren Qualitäten des Schafes in der Integration mit dem Wolf voll und ganz im "Innen und Außen" leben können.

Nur Mut!!

Das Schaf wird dir im Außen all deine Fähigkeiten bewusst machen und der Wolf dich instinktsicher begleiten. Eine *sehr gute Kombi für Erfolg* auf allen Ebenen.

Das Schaf als Archetyp für Gemeinschaft - Durchsetzungsvermögen in der Gemeinschaft und Ausleben dieser deiner Fähigkeiten; gut und gleichmäßig voran zu schreiten ...

Ein Garant, gepaart mit dem instinktsicheren mutigen Wolf!

"Herzlichen Glückwunsch - Sie sind am Ziel".

"Schaf im Wolfsbelz oder doch der Wolf im Schafsbelz"

Diese besondere Kombi macht es so unglaublich

"Erfolg-Reich"

Spiritueller Wachstum kann in diesem Stadium als Entwicklungsmodell nur aus der Grund - Position des Schafes erreicht werden - nur so ... natürlich mit dem WOLF als Rudelführer.

Nur Mut!!

Du bist auf den richtigen Weg und der Weg wird dir zeigen (Wolf) wo es lang geht und dich hin führt.

Also, wenn dir der Wolf als Krafttier begegnet, dann rufe auch das Schaf als Krafttier (Vertraue auf deine Fähigkeiten) auf die Weide, beobachte die Fähigkeiten des Schafes und lausche was die Heimat des Wolfes, der Wald dir mitteilen möchte in deinem Inneren / Instinkt / Ist dir sicher.

VERTRAUEN und GEDULD

Wenn der Elefant als Krafttier in deinem Leben erscheint,

will er dir folgendes Mit-teilen!

Der Elefant in vielen Ländern auf Mutters Erde als Krafttier bekannt, nicht nur das sondern vor allem als Glück- und Weisheitsträger durch viele Kulturen wie zum Beispiel im spirituellen Indien aus ganzem Herzen verehrt!

Was will uns nun das Ur-Tier Elefant oder die Elefantenherde / Familie so schönes an Botschaften mit-teilen:

GLÜCK - FRIEDEN - LIEBE?

Ein Krafttier voller vieler Ur-Informationen; viele Jahrtausende überlebt und weiter-gelebt in der Herde der Elefantenfamilie; immer wieder gestärkt und voller Kraft voraus … zurück zum Ursprung und immer wieder auch zurück auf dem Weg zum Anfang & Ende zugleich!

Jetzt, wo dir dieses liebevolle Geschöpf begegnet wir folgende Message / Botschaft klar:

Glück - Erfolgt und ein langes - gesundes Leben begleiten mich allzeit!

Der Weg ist frei und frei wählbar!!

Nun, wovon möchtest DU DICH befreien und frei sein!?

Du darfst jetzt und kannst jetzt neue Wege beschreiten, wenn du willst!

NUR MUT!

Der Elefant als weiser Ratgeber schenkt dir nun Vertrauen - Kraft - Ausdauer und begleitet dich schützend in der Familie der Elefanten und schenkt dir all das Glück das dir zusteht.

Er räumt vor und hinter dir alle Hinternisse auf und bereitet dir den Weg der Liebe - Zuversicht und Achtsamkeit, damit du mit gleichmäßigen Gang voran schreiten kannst und all das Gute, dass dir zusteht auch in Welt hinaus tragen kannst.

Als Friedensstifter - Lichtbringer - Glücksbringer und Liebesbringer und wenn du magst als Erdenengel in der Weltgemeinschaft den Platz einnehmen und voller Liebe die anstehenden Herausforderungen für die und in der Gemeinschaft anzunehmen und mit Tatkraft voran zu schreiten.

In der Gemeinschaft stark sein und dadurch auch die Geborgenheit und den Frieden spüren darf so, wie es uns die Elefanten als starke Herde zeigen und leben.

Du bist stark und trägst als das Glück in dir mit dir und in die Weltengemeinschaft hinaus.

Der Elefant als Krafttier steht dir zur Seite!

Ein großer Ratgeber mit ganz viel Herzensweisheit verheißt nun GUTES!

Er ist nun da, um dir all das zu geben was du brauchst, um glücklich in dir zu sein "mit all seiner Weisheit und Kraft".

Er kündigt nun großes an und lässt dich um deinen nächsten Schritt wissen!

Nimm (deine innere Stimme wahr) es an und gehe hinaus und stelle dich den Aufgaben voller Licht & Liebe.

Ich bin Erfolg-Reich♥

Keine Angst! - Loslassen, Du kannst Alles erreichen was du dir wünscht. Einsatz für die wirklich wahren Ziele im Leben jetzt kreieren und umsetzen, werden von Erfolg gekrönt sein. Nur Mut! Vertraue dir und deinen Fähigkeiten, denn Fakt ist, dass jeder Mensch seine ganz eigenen Fähigkeiten hat. Entdecke diese und lebe Sie nun aus; ganz gezielt ...

Wenn du gerne singst, dann singe und wenn du gerne malst, dann male oder besuche einen Kurs um dich weiter zu entwickeln ...

Egal was dein Talent ist, deine Fähigkeiten führen automatisch zu deinem persönlichen Wohlbefinden - Spaß und Freude und das ist das wichtigste.

Dann wird sich der Erfolg ganz persönlich immer einstellen und dir deinen Lebensweg voller Freude & Glück weisen!

"Erzengel Michael"

Keine Angst, er der wie Gott ist, ist da und beschützt dich und deine Familie! Wenn du ihn brauchst ist er sofort da ... ruf ihn an und bitte um seinen Schutz. Er gibt dir die Kraft und den Mut in schwierigen Situationen Entscheidungen zu treffen ... ob es der Jobwechsel - die neue Richtung im Leben ist.

Erzengel Michael breitet seine Flügel aus und gibt dir das, was du in diesem Moment benötigst.

Auch hilft er die die richtigen Schritte in deiner neuen Lebensaufgabe zu gehen
...

Er ist bei Dir, sei dir gewiss!!

Raus lösen aus Belastungen und schwierigen Lebensbeziehungen.

"Erzengel Michael schneidet mit seinem Schwert diese Verbindungen (Karma - Verstrickungen) durch"

Er beschützt dich "energetisch und spirituell" auf ganz liebevolle sanfte Art und Weise.

Wenn Bäume ...

... mit dir sprechen und in Verbindung gehen wollen ...

Setze dich zu einem Baum deiner Wahl und Ruhe ein wenig aus ...

Er wird dir Antworten auf deine Fragen bereitwillig geben wenn du etwas Zeit und Geduld aufbringst zu verweilen♥ Der Baum bringt Dich immer gerne wieder in Kontakt mit Dir und deiner Seele♥

Vertraue, habe Ur-Vertrauen und schlage feste Wurzeln unter deinem Baum des Lebens♥

<u>Affirmation:</u>

Ich fest verankert in meinem Leben und mit jedem Schritt werden meine Wurzeln stärker und stärker.

Heilende Gedanken pflegen wie:

Ich bin dankbar für meine

Familie

Beruf

Berufung

Gesundheit ....

Ich segne den heutigen Tag mit Liebe

Ich bin vollkommen gesund

Ich bin glücklich - gesund & heil

Ich bin voller Frieden Freude und

Gelassenheit

ICH BIN♥

"Ich bin Frieden"

"Ich bin Liebe"

"Ich bin Freude"

"Ich bin Glück"

ICH BIN LIEBE!

DU BIST!

Du bist die Liebe selbst und deine Seele (Dualseele) wird Dich finden in der bedingungslosen Liebe zu Dir und deinem Selbst.

Sei du selbst und liebe Dich und Du wirst in den Spiegel dich und deine Dualseele erkennen, wenn die Zeit dafür reif ist.

Lass los von

Ego & Erwartung &

und habe

Geduld & Vertrauen!

Love & Light Claire♥

Im Tarot die Kraft #8

Handelt von wahren und falschen Kräften … Verständnis und Illusion

"Toleranz und Verständnis"

Im Kabbala "Kaph"; eine halbgeschlossene Hand die im Begriff ist zu geben und / oder zu nehmen. (Fester Zugriff)

Die Hand die aktiv zugreift ….

!Siehe den astrologischen LÖWEN = das Symbol für die göttliche Kraft!

Also…

Mit sich selbst ins reine kommen,

sein Potenzial / Selbst ausgleichen.

Den inneren Löwen (Kraftpotenzial) begegnen und gleichzeitig liebevoll bändigen und im Vollen leben.

Nonverbal wie ein Dompteur mit sich und seinem Gegenüber (Telepathie - telepathisch besser verständigen und als Vermittler auf dieser Ebene nonverbal sprechen) kommunizieren.

Seine Mitte leben!

#8

Die größte KRAFT kommt aus der LIEBE!

Kinesiologie / Kinesiologische Arbeit

In der Kinesiologie wird die liegende Acht als Ausgleich / Konzentrierung / Entspannung / Visualisierung genommen.

Somit werden beide "Gehirnhälften" (Vernetzungen im Gehirn gefördert) durch das mit dem Augen nachmalen einer in der Luft liegende Acht immer und immer wieder aufs Neue vernetzt.

Lese-und Rechtschreibschwäche - Konzentrationsschwäche - Überreizung - Zentrierung der Gedanken und Gefühle - Ausgleich - Ruhe - Entspannung usw.)

Mit einem Blatt Papier kann die "liegende Acht" auch nachgemalt

Und oder geschwungen werden. Auch ruhig mit den Händen in der Luft nachmalen und in dieser Übung gut ein und ausatmen.

Für Kinder / Schüler / Erwachsenenarbeit (Senioren) eine wunderbare Konzentrations- und Vernetzungsübung (Ying & Yang - Energien ausgleichen)

Kann auch mit den Hüften (Körperschwingung) im stehen jederzeit nachgeschwungen werden.

Ich mache das oft und nutze diese Übung beim stehen, wenn ich mit jemanden gerade im Gespräch bin

Oder:

Beim langem arbeiten am PC/ Schule / Arbeitsplatz einfach auf die Seite sehen

und die "liegende Acht visualisieren" und mit den Augen gedanklich / visuell nachmalen….

Kabbala: Kaph

"Die Hand, die aktiv zugreift"

Die 11. Hieroglyphe

8. Arkanum im Waite Tarot - Telepathie, Kraftübertragung

Organ: Herz

Astrologie:

Die spirituelle Ebene des Löwen

"Licht und Schatten"

Man muss durch die Nacht wandern, wenn man die Morgenröte sehen will.

von Khalil Gibran

Oft ist es schwer aus den eigenen Schatten (im wahrsten Sinne des Wortes) zu treten.

Verzweiflung

Not

Verlustangst

Wut

Eifersucht

Angst

Scham

machen es oft sehr schwer sich dem zu stellen. Manchmal begleiten einen diese Schatten ein langes Stück an Leben.

Manche Male ein ganzes Leben!

Es gibt Zeiten, da fallen einen die Schatten regelrecht in den Schoß und zeigen ganz klar warum es so dunkel geworden ist.

-Welche Ereignisse fanden statt…

"Stück für Stück" und "Schritt für Schritt" braucht es nun Zeit, um in all diese versteckten Winkel im Inneren zu gelangen.

-"Innenschau" - Ich lasse mich auf diesen Prozess ein…

Oft mühlseelig und schwer diese "Innenschau" aufrecht zu erhalten; dran zu bleiben im Schmerz, der Wut und der Verzweiflung!

-Zeit der Arbeit an sich selbst…

Dann gelingt es doch wieder, das ein oder andere "Schattendasein" aufzulösen und man lehnt sich glücklich und mit einem "Gefühl des Wohlseins" zurück.

Bis zum nächsten Schritt, rauf auf den Stufen, die nächste Stufe wird beschritten von ganz unten (Kellerdasein) nach oben ins Bewusstsein… (Erdgeschoss).

Zulassen von Gefühlen machen dies auch nicht immer einfacher!

Der Wert, der sich jedoch einen (nach getaner Arbeit) erschließt (mit der Zeit) ist äußerst lohnenswert, da es einen von "Zeit zu Zeit" näher an sich selbst rücken lässt - zu seinem wahren ICH bringt.

ICH BIN GANZ

ICH BIN gut so wie ICH BIN

ICH BIN glücklich mit mir

Es lohnt sich diese "Schatten" aufzulösen und all die verlorenen Seelenanteile wieder wie ein Puzzle (ein Gesamtwerk voller Pracht) zusammenzuführen.

ICH BIN WERTVOLL

Ich löse die alten Muster auf und fülle diese mit "Licht und Liebe", um wieder "GANZ" (RUND) zu werden.

ICH lasse das LICHT in mir leuchten

ICH BIN LIEBE

Impressum

Personendaten

Vorname Clarissa M.

Nachname Seite

Firmennamen Praxis für Psychotherapie - mediale psychologische Lebensberatung

Geburtstag 19. August 1969

Sternzeichen Löwe

Geschlecht Weiblich

Familienstand Verheiratet

Kontaktdaten

Strasse Winibaldstr. 14

PLZ 82515

Ort Wolfratshausen

Land Deutschland

Webseite http://www.theralupa.de / **www.heil-verzeichnis.de**

Persönliches

Über mich:

Clarissa M. Seite

Praxis für Psychotherapie nach dem HPG

Mediale psychologische Lebens-Beratung

Psychologische Beratung und Kartenlegungen auf Wunsch am Telefon

Erstkontakt: 01525 - 654 99 30

www.theralupa.de

www.heil-verzeichnis.de

BLOG: CLARISSASEITE.TUMBLR.COM

SUCHT-Beraterin (auf der Suche zum Ich)

& REIKI- Meisterin / Lehrerin

Mädchenname: Zickler

Geboren am: 19.08.1969 / Bad Neustadt a. d. Saale

Schulbildung:

Qualifizierenden Hauptschulabschluss – High - School in Louisiana - Realschulabschluss - Universität Tech in Louisiana / Ein Semester in Mathe - Geschichte und Englisch

Lehrberufe:

Verkäuferin - Einzelhandelskauffrau - Versicherungsfachfrau - Heilpraktikerin für Psychotherapie - Suchtberaterin - Reikimeisterin / Lehrerin

Aufgewachsen in Speichersdorf bei Bayreuth bis zum 18 Lebensjahr

Nach Heirat in die U.S.A / Louisiana bis zum 21 Lebensjahr

Zurück nach Deutschland / Bayreuth für ein Jahr - München vier Jahre –

Bayreuth 16 Jahre - und schließlich wieder nach München / Wolfratshausen bis zum heutigen Tag.

Mein spiritueller Weg

... hat mit den Engel begonnen, die ich schon seit meiner Kindheit sehr bewundert habe und meine Oma mütterlicher Seite hat immer sehr viel zu den Engel gebetet, dass fand ich für mich sehr prägend.

Die Engel, meine tiefe Freundschaft - Verbundenheit und Liebe!

Die Engelsbilder von meiner Oma und meinem Opa hängen heute nun neben vielen anderen Engeln im Wohnzimmer und meiner Wohnung verteilt.

Als ich mir 1992 mein erstes Kartenset / Tarot von Miki Krefting aus München kaufte ging es mit vielen Stunden - Nächten um die Ohren schlagen und Beratungen für Freunde los in Richtung Spirtueller - Medialer und guter Intuition ans Eingemachte!

Mehr und mehr interessierte ich mich für diese umfangreichen Themen wie den Glauben an Gott den Engeln - Glaubensrichtungen der Welt - Interpretationen des Tarots in verschiedenen Auslegungen und Ausführungen von White Raider zu Crowley, der Nummerologie (Dan Millman) der Traumdeutung (C. Jung) Kastl – Kant – Frankl – Freud und vieles mehr dazu.

Kartensets wie Selbstheilung von Chuck Spezzano - Göttinenzyklus - Engel von Diana Cooper - Doreen Virtue - & und dem tollen Kartenset von Pia Schneider und Ruth Kendell –

Krafttiere von Jeanne Ruland & Murat Karacay – **Maria Magdalena** von Jeanne Ruland & Marion Hellwig - **Spirituelles Geldbewusstsein** von Thorsten Weiss und und und runden mein Profil ab.

Kinesiologie und TCM-Medizin - Kräuterkunde - Homöopathie und die universelle Energie; erst durch die drei Reikigrade und dem Lehrer wurden diese intensiv in meinem Leben seit der Geburt meines Sohnes Frank 1997 integriert und schließlich auch privat an mir und meiner Familie - Freundeskreis und interessierten Menschen praktiziert!

2008 kam dann, nach Jahrzehnten an "üben und lernen" im Spirituellen Bereich der Beginn mit der Ausbildung zum Heilpraktikerin zur Psychotherapeutin (Gesprächstherapie nach Rogers -

Psychoanalyse nach Freud) und last but least

2009 die Ausbildung zur Suchtberaterin,

2010 die Gründung der Praxis für Privatklienten und psychologische - mediale Lebensberatung am Telefon!

2014 schrieb ich mein erstes Skript "Wie werde ich ein Erdenengel"

2015

Blog: ClarissaSeite.Tumbler.Com

2015 & 2016 Buch & ebook

„**Wie werde ich ein Erdenengel**

„**Ein Erdenengel und seine Geschichten**"

„**Botschaften eines Erdenengels**"

Seit 25 Jahren; seit Beginn meines ersten Kartendecks im Tarot kamen viele andere Kartendecks dazu und durch das tägliche ausüben und studieren von Fachliteratur in unterschiedlichen Bereichen hinsichtlich meiner medialen Fähigkeiten wird es immer mehr und das „Tun" immer intensiver und klarer in der Ausübung!

Üben – Üben – Üben

Lernen – Lernen – Lernen

Sein – Werden – Sein

Vereinszugehörigkeit wie:

Dachverband Geistiges Heilen

(DGH)

Verband freier Psychotherapeuten, Heilpraktiker für Psychotherapie und Psychologischer Berater e.V.

(VFP)

Mein Leitmotiv ist:

Lehrer und Schüler zugleich ;-)

Immer und immer wieder ...

auf dem Weg der sog. Meisterschaft (TOD) um wieder und Neu Wiedergeboren zu werden (Phönix aus der Asche)

Anbieter-Impressum

Umsatzsteuer-ID-Nr 82 096 358 479

Handelsregister-Nr. / Steuer-Nr. / ggfls. Geschäftsführer

Praxis - Clarissa Mathilda Seite - Heilpraktikerin für Psychotherapie[HPG] - WOR

Steuernummer – Finanzamt Wolfratshausen – 169/258/90344 – **IdNr. 82 096 358 479**

Bankverbindung – Sparda Bank Nürnberg – BLZ 760 90 500 – Kontonummer 442 50 59

[Gemäß §4 Nr. 14 Buchst. a UStG sind Heilbehandlungen im Bereich der Humanmedizin umsatzsteuerfrei. Dazu zählen auch die Leistungen der Heilpraktiker].

Ich wünsche Dir - Dir und Dir

Lieber Leser, eine wohltuende Öffnung zu Dir und zu deiner liebevollen Natur als

„Erden-Engel"

In diesen schnelllebigen Zeiten der Jagd nach Anerkennung – Profit und Erfolgsstreben kann dies eine neue Qualität an Erleben und einer eventuellen Konzentrierung aufs Wesentliche und zukünftiger „EntSchleunigung" bewirken!

Ich wünsche von Herzen

Alles erdenkliche Gute

Ein Dankeschön an:

Meine Eltern; einzigartig in Ihrer Art

Meine Geschwister, die mich in meinem Dasein begleitet und geformt haben

Willi, mein bester Freund und Lebensbegleiter, der mich jetzt sehr in meinem Tun unterstützt

I Love You All!

Meine langjährigen Freundinnen:

Anette   Rhön

Gitti   Bayreuth

Bea   Schweiz

Andrea Dachau

Meinen Sohn Frank, der mir oft den Spiegel vor Augen hält! ;-)

Buchcover von Frank am Gardasee / Limone im Juni 2015 fotografiert.

Love you all so much!

Dieses Büchlein dient als ein kleiner Wegbegleiter „täglicher Inspiration" und als Möglichkeit einer neuen Sichtweise in der Lebensführung.

Es ersetzt weder den Rat durch einen Arzt deiner Wahl, noch dient es als Ersatz für medizinische Behandlungen von physischen und psychischen Erkrankungen aller Art!

Wenn werdende Mutter (schwanger) ist oder sich krank fühlt oder krank ist, konsultieren Sie <u>immer zuerst einen Arzt Ihrer Wahl!</u>

Und denk bitte dran …

Du – Du und Du – SIE –Er – Es

 trägst die Verantwortung für

Dich und dein Leben!

<u>Haftungsausschluss: Autor & Verlag</u>

Und wie immer auch in diesem Büchlein ….

„Der Weg ist das Ziel"- Konfuzius

Allzeit für Uns ALLE

LOVE & LIGHT & JOY

Und denkt bitte daran ….

Ich bin

„Glücklich

Gesund

&

Heil"

…

Reich

Schön

Schlank

Smart

Weise

Mutig

Aktiv

Wissend

Flexibel

Jung geblieben (Im Kopf, Körper, **_Geist, Seele_**)
Mögliche Quelle: Louise L. Hay

Und zu guter Letzt:

Die Liebe ist die höchste Kraft im Universum.

Diese höchste Form der Schwingungs- und Energieebene wurde uns durch die All – Macht geschenkt.

Liebe ist die Antwort auf all deine Fragen …

Öffne dein Herz und lass diese Kraft in dir hinein und lebe diese wundervolle Energie!

Hier & Jetzt

Love & Light

Ver-Gangen-Heit loslassen und die Zukunft ist noch nicht geschrieben (oder vielleicht doch-Tora) da ….

Ein Engelbild

Einen persönlichen Engel malen ...

Wenn Du magst!

Persönliche Notizen:

Welches Thema hat mich besonders berührt und ich möchte da nochmals genauer hinsehen – spüren und erforschen?

Wenn du magst, kannst du mich jederzeit über meine Mailadresse kontaktieren und Fragen an mich schreiben !

- eventuell zu meinen Büchern

- oder was dir wichtig erscheint.

<u>Nur wenn du magst!?</u>

LOVE

&

LIGHT

&

JOY

Alles ist Eins und wir sind allzeit mit dem göttlichen Funken verbunden!

Wir sind göttliche Wesen und dieser Funke ist in unserer DNA verwurzelt!

GLAUBE (versetzt Berge)

Wenn du magst, übe dich in der Meditation mit deinen 7 Haupt - Chakren und lerne mit den Atem und den dazugehörigen Farben zu kommunizieren!

<u>**Atem ist leben!**</u>

<u>**Wasser ist leben!**</u>

<u>**Energie ist überall!**</u>

<u>**Essen ist leben!**</u>

<u>**Wir sind Energie!**</u>

Segne diese voller Respekt und mit Liebe & Achtsamkeit gegenüber der Natur die uns geschenkt wurde von Mutter Erde!

Segne jeden Tag das, was Dir geschenkt wird!

Alles ist in gewisser Maßen ein Schatz; unser Schatz, der im innersten gehegt und gepflegt werden möchte!

Alles was dir begegnet ist für Dich und dient deiner Weiter-Ente-Wicklung!

Jeder Gedanke zählt und zieht durch Resonanz die Dinge und Erlebnisse in dein Leben, die für Dich wichtig sind um weiter auf den Weg des Lebens – den Weg der Erkenntnis und der Liebe voran zu schreiten!

Werde Dir (dessen) bewusst!!

Der Weg ist das Ziel – Konfuzius

Was könnte ich täglich mit Liebe & Licht segnen!?

Wem möchte ich Vergebung schenken!?

[Sich bitte nicht vergessen] ;-)

„Dein Weg"

Wie auch immer DEIN persönlicher Weg aussehen mag und was auch dir dieser Weg abverlangen mag, es ist dein Weg!

Gehe Ihn in mutig, achtsam und in Liebe.

Jeder Tag ist dein Tag!

Du bist der Schöpfer deines Lebens.

Lebe die Freude – Liebe und das Leben

Inhaltsverzeichnis

1. Bedingungslose Liebe
2. Der Partner als Spiegelbild
3. Dualseelen
4. Mit sich im Einklang
5. Seelen sind all die Geschöpfe der Erde & des Universums
6. Sich in der Seele finden
7. Türöffnung
8. Acht Krafttiere für deinen Weg in der besonderen Zeit 2016-2024

- **Delfin**
- **Wal**
- **Schmetterling**
- **Eule**
- **Hirsch**
- **Rabe**
- **Wolf**
- **Elefant**

& ein paar liebevolle Botschaften zum Schluss